CHEMIN DE FER HYDRAULIQUE.

MACHINE HYDRAULIQUE

POUR

REFOULER L'EAU DANS LA CONDUITE,

pouvant s'appliquer aussi à toutes espèces d'élévation d'eau,

Par M. L.-D. GIRARD,

Ingénieur civil. (Prix de Mécanique de l'Institut de France, 1843.)

PARIS,

MALLET-BACHELIER, IMPRIMEUR-LIBRAIRE

DE L'ÉCOLE IMPÉRIALE POLYTECHNIQUE, DU BUREAU DES LONGITUDES, ETC.,

Quai des Augustins, 55.

1854.

MACHINE HYDRAULIQUE

POUR

REFOULER L'EAU DANS LA CONDUITE,

Pouvant s'appliquer aussi à toute espèce d'élévation d'eau ;

PAR

M. L.-D. GIRARD,

Ingénieur civil.

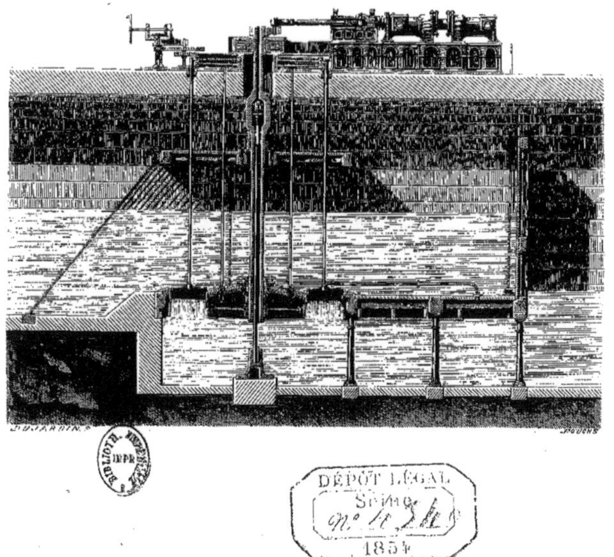

CHEMIN DE FER HYDRAULIQUE.

MACHINE HYDRAULIQUE

POUR

REFOULER L'EAU DANS LA CONDUITE,

Pouvant s'appliquer aussi à toutes espèces d'élévation d'eau;

Par M. L.-D. GIRARD,

Ingénieur civil.

Cette machine se compose :

D'une pompe horizontale à double effet, à piston plongeur et à mouvement direct, actionnée directement, soit par une turbine hydropneumatique à libre déviation, à vannes partielles et indépendantes, et à soulèvements successifs, soit par une machine à vapeur horizontale, à double effet et à chariot pesant, à mouvement rectiligne alternatif, faisant fonction de volant; toutes deux machines de notre invention.

§ Ier. — Pompe.

La pompe se compose essentiellement d'un piston plein qui se meut dans un corps de pompe en deux parties séparées, fixées solidement sur une seule et même plaque de fondation.

Ces deux corps de pompe sont munis de deux boîtes à étoupe, en regard l'une de l'autre, dans lesquelles passe le piston tourné cylindriquement, qui est sans frottement dans l'intérieur des corps. A l'opposé de la boîte à étoupe de chaque corps, se trouve une boîte à clapets, placée perpendiculairement à l'axe des pompes et se raccordant, d'un côté, avec le tuyau d'aspiration, et, de l'autre, avec le tuyau de refoulement. Au-dessus des clapets, sont ménagées des ouvertures fermées par des plaques amovibles; ces ouvertures servent à visiter les clapets et à les renouveler au besoin,

G.

I

sans qu'il soit nécessaire de démonter autre chose que lesdites plaques de regard.

Dans les conditions ordinaires de vitesse du piston de la pompe, nous faisons usage de clapets ordinaires, mais combinés en vue de faciliter la bonne admission et la bonne évacuation de l'eau.

Lorsqu'au contraire, dans certains cas, le piston de la pompe doit prendre une vitesse considérable, sans rien changer à la disposition d'ensemble de la pompe, nous remplaçons les clapets par des soupapes, figurées sur la planche coloriée n° 3, représentant, en plan et en élévation, la nouvelle pompe disposée pour ce dernier cas.

Actuellement, on emploie pour le refoulement des liquides, comme pour celui des gaz, une distribution par tiroirs, disposée d'une manière analogue à celle d'une machine à vapeur, et douée, par conséquent, de la propriété de pouvoir se manœuvrer très-vite; mais la disposition que nous allons décrire a, sur celle des tiroirs, l'avantage de présenter beaucoup plus de simplicité et de requérir en général moins de force motrice.

Pour faire comprendre ce résultat, nous devons commencer par rappeler qu'une soupape ou clapet quelconque, soulevée par la différence de pression d'une de ses faces à l'autre, retombe ensuite par son propre poids, en n'acquérant ainsi que la vitesse due à la gravité. Pour augmenter cette vitesse, c'est-à-dire pour produire la fermeture rapide d'une soupape ou clapet, il faut ajouter à la gravité l'action d'une force extérieure.

Prenons, par exemple, un ressort appliqué, comme ceux représentés sur la planche ci-jointe, sur la tête d'une soupape, chose qui, du reste, a déjà été faite. Il est clair que la soupape retombera beaucoup plus vite sur son siége; mais aussi, elle offrira une plus grande résistance pour s'ouvrir, ce qui diminuera l'effet utile de la pompe.

Nous remédions à cet inconvénient capital en donnant à notre nouvelle soupape une forme concave annulaire de manière à faire dévier le fluide qui la traverse de 180 degrés; dès lors, toute la force vive qu'il possède au passage de la soupape se trouve utilisée, statiquement parlant, à tel point, que la théorie démontre que la pression exercée contre la soupape pour la soulever au moment où le piston a son maximum de vitesse, est égale à quatre fois celle qui a lieu à l'instant où elle commence à s'ouvrir.

Or, comme le ressort est nécessairement déterminé de manière à faire équilibre à cet effort ainsi quadruplé, on conçoit qu'à mesure que cet effort tend à cesser, la soupape se referme avec une grande promptitude en vertu même de l'action du ressort.

Les choses se passent, d'ailleurs, de la manière que nous venons d'analyser, tant à l'aspiration qu'au refoulement, soit qu'il s'agisse d'aspirer et de refouler un gaz ou un liquide. Cette soupape pourra donc être appliquée à toutes les machines existantes ayant pour but de refouler l'eau ou les gaz.

En effet, elle peut remplacer toutes les autres précédemment connues, même dans les cas de machines à petite vitesse, avec un avantage proportionnel.

Nous arrivons maintenant à la légende explicative de la planche n° 3, représentant notre nouveau système de soupape.

FIG. 1. *Élévation longitudinale de la pompe.* — Dans la partie de droite de la figure on remarque une coupe verticale de la boîte à soupapes pour laisser voir une des soupapes annulaires concaves avec son ressort.

FIG. 2. *Plan de la pompe.* — Nous avons supposé, sur le corps de pompe de droite de la figure, les chapeaux F et H des regards de la boîte à soupapes, ainsi que les soupapes E et G, enlevés pour laisser apercevoir les siéges circulaires des soupapes.

AA, corps de pompe à double effet et à piston plein.

B, piston.

CC, aspiration.

DD, refoulement.

E, soupape d'aspiration.

G, soupape de refoulement.

F, chapeau appliqué sur le regard de la soupape E, dans l'intérieur duquel se trouve le ressort à boudin, ou autre agent élastique qui entoure la tige de la soupape.

H, chapeau semblable pour la soupape G.

Lorsque la pompe est actionnée par une turbine, le mouvement est transmis directement par une manivelle fixée au haut de l'arbre vertical de la turbine et par une bielle. Le piston est guidé dans son mouvement rectiligne alternatif par un guide ou des glissières, fixé sur la même plaque de fondation, laquelle forme aussi boîtard supérieur de l'arbre vertical de la turbine.

Mais lorsque la pompe est mise en mouvement par notre machine à vapeur horizontale, la tige du piston de la pompe se relie directement à la tige du piston à vapeur; on conçoit facilement que la pompe peut aussi être actionnée par des machines motrices ordinaires.

§ II. — *Turbine.*

Nous croyons devoir reproduire ici les extraits des *Comptes rendus de l'Académie des Sciences* dans ses séances des 6 octobre 1851 et 23 février 1852.

I. Nous avons donné, dans une précédente Note (*Compte rendu de la séance du 28 avril 1851*), les résultats d'expériences sur l'*hydropneumatisation* d'une turbine Fontaine, qui ont prouvé, qu'en construisant des turbines où la *libre déviation* des veines liquides aurait toujours lieu, quel que fût le volume d'eau dépensé, on devait obtenir de ces récepteurs un rendement à très-peu près *constant*, c'est-à-dire égal au maximum obtenu quand la turbine est *pleine d'eau.*

Nous avons été assez heureux pour rencontrer, dans M. A. Dufay, propriétaire de la papeterie d'Égreville (Seine-et-Marne), un industriel capable d'apprécier la haute importance de ce problème, dont la solution assigne désormais à la turbine le premier rang parmi les récepteurs hydrauliques, puisqu'elle la relève du reproche de ne donner qu'un faible rendement dans les sécheresses, c'est-à-dire dans la saison où un fort rendement a, en général, le plus de prix.

Nous avons l'honneur d'exposer aujourd'hui à l'Académie le résultat des expériences faites sur la nouvelle turbine que nous venons d'établir à Égreville, et qui ont eu lieu en présence de MM. Dufay, Ch. Callon, ingénieur, Henriot, directeur de l'usine, et l'auteur.

Ces expériences, vu l'époque où elles ont été faites, ont porté sur de petits volumes ou sur de hautes chutes, c'est-à-dire que la turbine s'est trouvée *naturellement* dénoyée.

Cette turbine a la forme générale de la turbine Fontaine, sauf que, 1° ses vannettes, au nombre de quarante, au lieu de se lever *toutes ensemble et d'une quantité variable*, selon le volume de l'eau à dépenser, se lèvent par couples diamétralement opposés et toujours de toute leur hauteur, mais en *nombre proportionné* à la masse liquide qu'on veut faire agir sur le récepteur; 2° ses canaux mobiles ou récepteurs, en nombre *égal* à celui des adducteurs, ont été tracés suivant une forme qui assure la libre déviation de la veine liquide.

Quand les eaux d'aval seront remontées au point de noyer la turbine, on *hydropneumatisera* celle-ci, afin de la maintenir dans les mêmes conditions de rendement, en la débarrassant de l'action des eaux extérieures d'aval.

II. Les huit premières colonnes du tableau ci-après ne réclament aucune explication.

Pour obtenir les quantités d'eau consignées dans la neuvième colonne, nous avons calculé purement et simplement, dans chaque cas, le volume correspondant à l'aire totale des adducteurs ouverts et à la charge de l'eau d'amont au-dessus de l'orifice de ces adducteurs, en prenant pour coefficient de réduction de la dépense 0,90, chiffre qui doit être plutôt trop fort que trop faible, ainsi que l'ont démontré les observations qui suivent.

La papeterie d'Égreville est mise en mouvement par deux turbines du système Fontaine, précédemment établies par M. Ch. Callon, et par celle qui fait le sujet de la présente Note. Ayant arrêté les trois turbines, on s'est assuré qu'il fallait ouvrir, d'une certaine quantité, la vanne en tête de la dérivation, pour empêcher le niveau de baisser dans le canal d'amenée de l'usine. Après quelques tâtonnements, ce niveau s'est maintenu parfaitement constant pendant au moins cinq minutes, tant en amont qu'en aval de la vanne de prise d'eau, moyennant une ouverture de $0^m,21$ de cette vanne, large de $2^m,500$, et une différence de niveau de $0^m,08$ de l'amont à l'aval ; ce qui correspond à une dépense d'environ

$$0,66 \times 2,500 \times 0,21 \times \sqrt{2g \times 0^m,08} = 0^{mc},434,$$

en adoptant 0,66 pour coefficient de contraction.

La turbine neuve n'était et ne pouvait être pour rien, vu le mode de construction et de manœuvre de ses vannettes, dans cette perte de 434 litres par seconde, qui doit, par conséquent, être défalquée de celle qui va être ci-après calculée.

Or, quand vingt vannettes (sur quarante) ont été ouvertes (expérience n° 22), nous avons observé que la dénivellation qu'elles produisaient depuis l'entrée de la prise d'eau jusqu'à la vanne précitée, ouverte en grand, était de $0^m,05$, la profondeur étant d'ailleurs de $1^m,15$ en moyenne. Il passait donc par cette prise d'eau un volume qui était théoriquement de $2^m,50 \times 1,15 \times \sqrt{2g \times 0,05}$, ou $2^{mc},846$. Il est *impossible* d'estimer les frottements et contraction au-dessous de $0^m,05$ de la dépense ; c'est-à-dire que le volume réellement dérivé était, au plus, $0,95 \times 2^{mc},846 = 2^{mc},704$; à défalquer, comme il a été dit, $0^{mc},434$. Reste pour la dépense de la turbine neuve, et par seconde, $2,704 - 0,434 = 2^{mc},270$.

Or, nous avons par les adducteurs (expérience n° 22), $2^{mc},304$.

Il y a donc concordance, à $1\frac{1}{2}$ pour 100 près, entre les deux modes de jaugeage, et nous avons choisi le plus défavorable comme point de départ de nos calculs.

III. En examinant quelques instants le tableau ci-après, on reconnaîtra de suite :

1°. Que, pour des vitesses variables entre dix-huit et vingt-sept tours par minute, et pour des volumes variables entre 651 et 2 304 litres (six à vingt vannettes ouvertes sur quarante), le rendement s'est maintenu entre 70 à 75 pour 100 en nombre rond ;

2°. Qu'en chargeant la turbine de manière à réduire sa vitesse à neuf ou dix tours seulement par minute (expériences n°s 18 et 19), on a encore obtenu un rendement de 75 pour 100.

Le premier de ces résultats est celui sur lequel nous désirons surtout appeler aujourd'hui l'attention de l'Académie.

En effet, il est digne de remarque que, tandis que la turbine de Mühlbach (*Hydraulique* de d'Aubuisson, page 466, ou *Expériences* de M. Morin), dont le rendement monte à 0,79 lorsqu'elle marche à pleine eau, voit ce rendement baisser à 0,37 quand la levée des vannes est réduite à $\frac{5}{27} = 0,185$, la nouvelle turbine d'Égreville travaille avec un rendement constant, lors même que le nombre des vannes ouvertes est réduit aux $\frac{6}{40} = 0,15$ du nombre total.

IV. Voici encore une expérience, en quelque sorte toute pratique, que nous avons entreprise pour comparer l'effet utile de la nouvelle turbine avec celui des deux turbines du système Fontaine, déjà existantes dans l'usine.

La charge complète de ces deux turbines, telle qu'elle résulte des expériences faites dans le temps par M. Ch. Callon, ne peut pas dépasser 45 chevaux. Or, quand ces deux turbines marchaient, le 15 septembre dernier, elles produisaient à l'entrée de la prise d'eau, toutes choses égales d'ailleurs, une dénivellation de 0^m,09, là où une dénivellation de 0,05 suffirait à la nouvelle turbine pour donner 41^{ch},84 (expérience n° 22).

Cela veut dire que si la nouvelle turbine eût dépensé l'eau qu'absorbaient les deux autres, elle eût donné au frein une force de

$$41^{ch},84 \sqrt{\frac{0,09}{0,05}} = 56 \text{ chevaux environ};$$

celles-ci n'en donnent que 45 au maximum, en marchant pleines d'eau.

Tableau des expériences faites les 14 et 15 septembre 1851 sur la Turbine du Système hydropneumatique établie à Égreville (Seine-et-Marne).

NUMÉROS DES EXPÉRIENCES.	CHARGE DU FREIN. $r = 3^m,50$. P.	NOMBRE DE TOURS de l'arbre, comptés à plusieurs époques de chaque expérience et par minute.	NOMBRE DE TOURS. Moyennes. N.	CHUTE. H.	CHARGE SUR LE CENTRE des orifices adducteurs, génératrice de la vitesse des veines d'eau affluentes: $C = H - 0^m,34$. C.	NOMBRE DE VANNETTES LEVÉES. n.	SECTION TOTALE des orifices adducteurs ouverts: $n \times 0^m,52 \times 0^m,046 = S$. S.	VOLUME DE L'EAU dépensée par la turbine en une seconde: $0.9 \times S \times \sqrt{2gC} = Q$. Q.	TRAVAIL THÉORIQUE exprimé en chevaux. $T = \dfrac{Q.H}{75}$. T.	TRAVAIL EFFECTIF, EN CHEVAUX, calculé au moyen du frein: $r = 3^m,50$, $2\pi r = 22^m,00$, $T' = \dfrac{P.N \times 22^m}{60'' \times 75^{km}}$. T'.	RENDEMENT DE LA TURBINE. $\dfrac{T'}{T}$		OBSERVATIONS.
	k	t	t	m	m		mm	lit	chev	chev			
1	42	22 ¼ 22 ½ 23,0	23,08	1,80	1,46	4 (sur 40)	0,0956	460	11,04	4,74	0,43	0,43	**PREMIÈRE SÉRIE (14 septembre).** Dans cette série, la turbine formait un peu frein contre son vannage, ce qui, joint à ce que le pas et la bague du pivot étaient un peu dérangés, a dû affecter le rendement d'une manière préjudiciable, surtout dans les expériences 1 à 4 faites avec un petit nombre d'orifices adducteurs.
2	103	26,0 26,5	26,25	1,76	1,42	8	0,1912	909	21,33	13,22	0,620	0,64	
3	113	25,5	25,5	1,76	1,42	8	0,1912	909	21,33	14,09	0,661		
4	170	25,5	25,5	1,72	1,38	12	0,2868	1342	30,78	21,60	0,70	0,70	
5	228	25,0	25,0	1,66	1,32	16	0,3824	1752	38,77	27,87	0,719		
6	228	21,5 22,0 24,0	22,5	1,65	1,31	16	0,3824	1745	38,39	25,09	0,654	0,69	
7	228	24,0 24,5	24,25	1,65	1,31	16	0,3824	1745	38,39	27,04	0,704		
8	238	24,0 24,5	24,25	1,65	1,31	16	0,3824	1745	38,39	28,22	0,735		**DEUXIÈME SÉRIE (14 septembre).** La turbine ne formait plus frein contre son vannage. Le petit dérangement du pivot existait toujours, mais il est impossible de dire quelle pouvait être son influence sur le rendement. On a remarqué que, lorsque le nombre des adducteurs ouverts était porté à 16 et plus, l'eau d'amont, à l'endroit où était placée la règle graduée qui servait à mesurer la chute, était d'environ 0m,02 plus haute qu'au-dessus de la turbine; en sorte que, rigoureusement parlant, les chutes auraient dû être diminuées de 0m,020, ce qui aurait augmenté de près de 1 pour 100 les rendements correspondants.
9	278	21,0	21,0	1,63	1,29	16	0,3824	1731	37,62	28,55	0,759	0,74	
10	298	19,5	19,5	1,62	1,28	16	0,3824	1724	37,37	28,42	0,761		
11	208	25,5 25,0	25,25	1,62	1,28	16	0,3824	1724	37,37	25,68	0,687		
12	378	18,0 17,5	17,75	1,56	1,22	20	0,4780	2104	43,77	32,81	0,750		
13	378	18,0	18,0	1,60	1,26	20	0,4780	2138	45,61	33,27	0,729		
14	338	20,75 21,0	20,875	1,58	1,24	20	0,4780	2121	44,68	34,01	0,761	0,75	
15	378	21,0 20,50	20,75	1,69	1,35	20	0,4780	2216	49,93	38,35	0,768		
16	82	27,0	27,0	1,635	1,295	6	0,1435	651	14,19	10,83	0,763	0,76	**TROISIÈME SÉRIE (15 septembre).** Voir l'observation relative à la deuxième série. Expériences faites pour reconnaître le rendement à des vitesses très-réduites.
17	102	21,5	21,5	1,635	1,295	6	0,1435	651	14,19	10,72	0,756		
18	162	11,0 10,75	10,875	1,635	1,295	6	0,1435	651	14,19	8,61	0,60	0,60	
19	202	8,5 9,0	8,75	1,635	1,295	6	0,1435	651	14,19	8,64	0,61		
20	202	21,0	21,0	1,79	1,450	10	0,2392	1147	27,38	20,74	0,757	0,75	
21	318	13,75 14,0	13,875	1,80	1,46	10	0,2392	1152	27,65	"	"	"	Le plateau touchait terre dans l'expérience n° 21.
22	398	21,5	21,5	1,80	1,46	20	0,4780	2304	55,30	41,84	0,757	0,75	

I. Nous avons eu l'honneur d'exposer à l'Académie, dans une Note insérée au *Compte rendu* de la séance du 6 octobre dernier, le résultat des expériences faites sur la nouvelle turbine de notre système établie à la papeterie d'Égreville, à une époque où cette turbine se trouvait naturellement *dénoyée*, et où le volume d'eau qu'elle avait à dépenser n'était qu'une faible fraction de celui qui correspond à sa capacité entière.

D'après les résultats que nous avons donnés dans une autre Note insérée au *Compte rendu* du 28 avril 1851, touchant l'augmentation d'effet utile qu'amène, dans une turbine où la libre déviation des veines liquides peut avoir lieu, l'hydropneumatisation de cette turbine, en évitant la perte de travail qui résulte, soit de son frottement dans l'eau d'aval, soit des tourbillonnements dans les canaux mobiles ; d'après ces résultats, disons-nous, il était facile de prévoir que l'hydropneumatisation de notre nouvelle turbine, construite de manière que la veine y dévie en effet toujours librement, produirait dans l'effet utile un bénéfice analogue à celui que nous avaient indiqué nos premières expériences, faites sur une turbine d'ancienne construction.

Nous avons saisi avec empressement, M. Ch. Callon et moi, l'occasion qui s'est offerte, au retour de la saison des crues, de vérifier ces premiers aperçus.

II. Nos nouvelles expériences ont donc eu pour but de rechercher le bénéfice résultant de l'hydropneumatisation de la nouvelle turbine.

On a déterminé ce bénéfice par deux modes d'expérimentation, dont le tableau ci-après offre le résumé.

Dans le premier (expériences 1 à 6), on s'est proposé de comparer les quantités de travail moteur nécessaires pour vaincre une résistance donnée (mesurée par une certaine vitesse imprimée aux mêmes machines, savoir : cinq cylindres à broyer les chiffons et deux pompes à eau), suivant que la turbine était noyée ou non noyée.

Dans le second mode (expériences 7 à 16), on a comparé les effets utiles (mesurés par les vitesses différentes imprimées aux mêmes machines) qui résultaient de la même quantité de travail moteur, suivant que la turbine était noyée ou non noyée.

Ce second mode d'expérimentation offre des résultats en quelque sorte plus sensibles aux yeux que le premier, lequel exige quelques calculs pour rendre évidents les résultats auxquels il conduit. Mais il est moins exact et donne des nombres inférieurs à la réalité : 1° parce que la turbine, se réduisant à une vitesse moindre quand elle est noyée, n'éprouve pas, par cela même, de la part de l'eau d'aval, la résistance qu'elle éprouverait en marchant à la vitesse qu'elle prend étant dénoyée ; 2° parce que l'effet utile, c'est-à-dire le travail transmis par la turbine, augmente ici plus rapidement que la vitesse imprimée aux machines.

Au reste, pour chaque expérience, l'observation des effets de la turbine hydropneumatisée ayant toujours précédé celle des effets de la turbine noyée, il n'a pu qu'en résulter une légère atténuation du bénéfice réel de l'hydropneumatisation. Car, les cylindres étant restés appuyés de la même manière pendant tout le cours d'une même expérience, la résistance de la matière qu'ils broyaient a été nécessairement un peu en diminuant et a dû favoriser la vitesse obtenue avec la turbine noyée.

Il est nécessaire de dire que, dans les expériences où la turbine marchait noyée, on a eu soin de suspendre le mouvement de l'appareil d'insufflation en faisant tomber la courroie qui le commandait ; d'où l'on voit que le bénéfice indiqué par les expériences est véritablement un bénéfice net, puisqu'il tient compte du travail, très-minime d'ailleurs, qu'absorbe ledit appareil.

Enfin il est à propos de remarquer (*voir* les colonnes 5 et 6 du tableau ci-après) que, dans toutes nos expériences, l'hydropneumatisation, loin d'être incomplète, était plutôt trop complète, du moins pour quelques-unes d'entre elles. Ainsi. dans la quinzième observation par exemple, l'eau déprimée par l'air se tenait à $0^m,095$ en contre-bas du plan inférieur de la turbine, et dans la septième, elle se tenait même à $0^m,140$, tandis qu'une différence de 3 à 5 centimètres, au plus, doit suffire pour empêcher les vagues de nuire au mouvement de la turbine. Il en est résulté évidemment une petite perte de chute qui a dû masquer, en partie, l'avantage dû à l'hydropneumatisation : on l'évitera à l'avenir en ajustant le tube de trop-plein d'air dans une boîte à étoupe qui permettra de l'amener, dans chaque cas, dans la position où l'indication du piézomètre ne dépasse que d'un très-petit nombre de centimètres la quantité dont le plan inférieur de la turbine est en contre-bas du niveau actuel d'aval.

III. Si l'on jette les yeux sur le tableau ci-après, on reconnaît de suite que chaque expérience complète se compose de deux observations successives. Ainsi, dans le premier mode d'expérimentation expliqué ci-dessus, après avoir reconnu, par la comparaison des chiffres des cinquième et sixième colonnes, que la turbine était entièrement débarrassée de l'eau d'aval ambiante, on notait avec beaucoup de soin les positions des biefs d'amont et d'aval, le nombre des vannettes levées et le nombre de tours

G.   2

effectués par minute. Cette observation ayant été répétée plusieurs fois et par plusieurs personnes, on noyait la turbine en donnant issue à l'air comprimé, en même temps qu'on arrêtait l'appareil d'insufflation, comme il a été dit plus haut. Le piézomètre descendait rapidement à zéro, et l'on voyait en même temps et progressivement, 1° la vitesse de la turbine décroître ; 2° le niveau supérieur baisser, et le niveau inférieur monter en avant du barrage provisoire établi, en aval de la turbine, pour immerger celle-ci de quantités variables à volonté. Cela indiquait visiblement que l'affaiblissement de l'effet utile était accompagné d'un accroissement dans la quantité d'eau dépensée. On ouvrait alors quelques vannettes supplémentaires pour élever la vitesse de la turbine, à peu près au taux où elle était pendant l'hydropneumatisation (sauf dans les cinquième et sixième observations, où l'on n'a pas fait varier le nombre des vannettes levées, ce qui a formé un mode d'expérimentation en quelque sorte intermédiaire entre les deux modes principaux que nous avons indiqués plus haut). On notait de nouveau, et avec les mêmes soins que précédemment, la situation des niveaux, le nombre des vannettes levées, la vitesse, et l'on avait tous les éléments nécessaires pour apprécier numériquement le bénéfice de l'hydropneumatisation.

Ce bénéfice a été les 25 pour 100, en nombre rond, de l'effet utile obtenu quand la turbine était noyée, comme le montre la dernière colonne du tableau.

IV. Dans le deuxième mode d'expérimentation, chaque expérience comparative se composait aussi nécessairement de deux observations consécutives. La première s'effectuait absolument comme dans la première série. Pour effectuer la seconde, après avoir noyé la turbine comme tout à l'heure, on fermait un nombre de vannettes tel, que les deux niveaux d'amont et d'aval demeurassent exactement les mêmes. Ce résultat s'obtenait trèsfacilement, grâce au barrage d'expérience qui rendait le niveau d'aval trèssensible aux moindres différences dans le volume de l'eau dépensée ; alors on notait de nouveau le nombre de tours obtenus, ce qui permettait immédiatement de déterminer les chiffres des neuvième et quatorzième colonnes.

Dans les circonstances semblables à celles de la première série (dix à vingt vannettes levées), ce second mode d'expérimentation a donné 20 pour 100 seulement de bénéfice au lieu de 25 ; mais nous avons dit plus haut pourquoi ce dernier chiffre est le véritable.

Pour des levées de vingt-quatre à trente vannes, on a obtenu, en moyenne, 10 pour 100, que l'on doit compter, par la même raison, de 12 à 13 pour 100 au moins, surtout si l'on considère que la dernière expérience a été faite avec une vitesse très-inférieure à la vitesse de régime, c'est-à-dire dans des conditions très-favorables à l'atténuation des résistances que l'hydropneumatisation a pour objet de supprimer.

En somme, les nouvelles expériences confirment tout ce que les premières, ainsi que la théorie, nous avaient promis relativement au rendement, à très-peu près constant, de la turbine hydropneumatique, quels que soient et le volume de l'eau dépensée et les variations des niveaux d'amont et d'aval.

2.

Tableau des expériences faites les **16 et 17 février 1852** sur la **Turbine** du **Système** hydropneumatique établie à **Égreville.**

NUMÉROS des expériences.	HAUTEURS de l'eau d'amont, par rapport à un repère supérieur. H'	HAUTEURS de l'eau d'aval, par rapport au même repère. H	CHUTE, H − H'	QUANTITÉ dont le plan inférieur de la turbine est en contre-bas du niveau d'aval. $1^m,865 - H$	INDICATION du piézomètre. P	NOMBRE de tours de l'arbre par minute (moyenne de plusieurs comptages). N	NOMBRE de vannettes levées. n	NOMBRES proportionnels aux effets utiles, c'est-à-dire aux vitesses N obtenues dans chaque cas. T'	CHARGE GÉNÉRATRICE de la dépense de l'eau, le niveau d'aval se tenant en contre-bas du centre des orifices adducteurs ou $H = {>}\,1^m,545.$ $1,545 - H' - P$ (C)	le niveau d'aval se tenant en contre-haut du centre des orifices adducteurs ou $H < 1,545.$ $H - H' - P$ (C)	NOMBRES proportionnels aux quantités de travail moteur dépensées dans chaque cas. $(H - H')\,n\,\sqrt{C}$ (T)	RENDE-MENTS relatifs. $\dfrac{T'}{T}$	BÉNÉFICE de l'hydropneu-matisation.
	m	m	m	m	m				m				
PREMIÈRE SÉRIE.													
1	0,095	1,680	1,585	0,185	0,285	14	10 (sur 40)	1,000	1,165	"	1,000	1,000	
2	0,135	1,625	1,490	0,240	0,000	14	12 "	1,000	1,410	"	1,241	0,806	25 p. 100,
3	0,182	1,600	1,418	0,265	0,337	18 3/4	16 "	1,000	1,026	"	1,000	1,000	en
4	0,275	1,515	1,240	0,350	0,000	18	20 "	0,960	"	1,240	1,201	0,799	nombres
5	0,145	1,545	1,400	0,320	0,370	21 1/2	20 "	1,000	1,030	"	1,000	1,000	ronds.
6	0,175	1,510	1,335	0,355	0,000	19	20 "	0,884	"	1,335	1,085	0,815	
SECONDE SÉRIE.													
7	0,000	1,655	1,655	0,210	0,350	16 1/2	12 (sur 40)	1,000	"	"	"	"	
8	0,000	1,655	1,655	0,210	0,000	13 3/4	10 "	0,833	"	"	"	"	20 p. 100.
9	0,025	1,565	1,540	0,300	0,360	22	16 "	1,000	"	"	"	"	
10	0,025	1,565	1,540	0,300	0,000	18	14 "	0,818	"	"	"	"	22 p. 100.
11	0,042	1,495	1,453	0,370	0,380	23 1/2	20 "	1,000	"	"	"	"	
12	0,042	1,495	1,453	0,370	0,000	19 3/4	18 "	0,840	"	"	"	"	19 p. 100.
13	0,025	1,435	1,410	0,430	0,530	18	24 "	1,000	"	"	"	"	
14	0,025	1,435	1,410	0,430	0,000	16 1/4	20 "	0,903	"	"	"	"	11 p. 100.
15	0,160	1,360	1,200	0,505	0,600	12 1/2	30 "	1,000	"	"	"	"	
16	0,160	1,360	1,200	0,505	0,000	11 1/2	25 "	0,920	"	"	"	"	9 p. 100.

(13)

Considérations sur les expériences ci-dessus sur la nouvelle turbine.

Des expériences consignées dans les tableaux précédents, il résulte :

1°. Un rendement de 75 pour 100 pour des ouvertures d'adducteurs variables de 6 à 40 ou de 0,15 à 1, place cette turbine au premier rang des moteurs hydrauliques connus.

2°. L'existence, ainsi constatée, d'un rendement constant pour des volumes très-différents, facilitera désormais beaucoup l'étude des projets d'établissement de turbine. Jusqu'alors, on se trouvait toujours entre deux écueils également fâcheux. Si l'on faisait, en vue des sécheresses, une turbine d'une petite capacité, on n'avait presque pas de force dans les grandes eaux, lorsque la chute était réduite, et l'on avait le chagrin de voir le mouvement de l'usine paralysé en partie, alors que d'énormes masses d'eau passaient par les vannes de décharge. Si, au contraire, on faisait une grande turbine, c'était souvent pis encore, parce que son rendement se réduisait considérablement à l'étiage, en même temps que la masse d'eau disponible elle-même. Un grand nombre de turbines, même parmi les plus perfectionnées, ont été réformées depuis dix ans par suite de mécomptes semblables.

Désormais, on aura intérêt à donner à la turbine toute la capacité nécessaire pour obtenir amplement, sous la chute réduite d'hiver, la puissance dont on a besoin, parce que le rendement n'en souffrira pas en été, lorsque la turbine travaillera avec peu d'eau et beaucoup de chute. Autre conséquence : on sera libre de donner à la turbine tel diamètre, et, par conséquent, tel nombre de tours que nécessiteront les circonstance locales, puisque l'eau, donnée sur une faible fraction seulement de la circonférence, n'en produira pas moins tout son effet utile.

3°. On doit remarquer aussi que la propriété de la nouvelle turbine, de maintenir un rendement de 60 pour 100 sous une vitesse réduite aux $\frac{10}{27}$ environ de la vitesse normale, la chute restant la même, est d'une haute importance quand il s'agit de faire mouvoir des machines dont la résistance ou la vitesse sont susceptibles de varier, telles que pompes, laminoirs, etc. Et réciproquement, il est digne de remarque que la même vitesse peut se concilier avec des chutes variables de $(10)^2$ à $(27)^2$ ou de 1 à 7, sans que le rendement éprouve une diminution de plus de $\frac{1}{5}$ sur sa valeur maximum.

4°. L'absence de pression entre les deux couronnes fixe et mobile dispensera au besoin, dans l'établissement des turbines en question, de la précision extrême qu'exigent les turbines à réaction.

5°. L'aire des orifices expulseurs dans la nouvelle turbine doit être et est plus grande que celle des adducteurs, afin d'assurer la libre déviation des veines liquides. Le contraire a lieu dans les autres turbines (Fourneyron, Fontaine, etc.), où les canaux mobiles sont plus nombreux et plus resserrés à la sortie que les orifices adducteurs. De ce simple fait résulte subsidiairement, pour la turbine de notre invention, l'impossibilité d'engorgement des canaux mobiles par les herbes et autres corps étrangers. Ceux-ci, lorsqu'ils auront pu passer, soit à travers les barreaux de la grille placée en tête du canal d'arrivée, soit à travers les orifices adducteurs, passeront nécessairement et sans le moindre obstacle dans les canaux mobiles. Ainsi, on pourra bien être obligé, de temps en temps, de descendre dans la chambre d'eau de la turbine, après avoir fermé la vanne de garde, pour nettoyer les adducteurs; mais on n'aura jamais à descendre dans le canal de fuite, pour nettoyer les canaux de la couronne mobile.

6°. Sur certains petits cours d'eau, à hautes chutes, sujets à charrier beaucoup d'herbes et de feuilles, la facilité d'obstruction des anciennes turbines a été quelquefois un motif de rejet absolu, parce que ces petits cours d'eau ne pouvaient être utilisés qu'avec des turbines d'un petit diamètre, dont les ajutages et les canaux étaient d'une dimension très-réduite. La possibilité de faire des turbines d'un grand diamètre, recevant l'eau sur une faible partie de leur circonférence, c'est-à-dire par un petit nombre d'adducteurs, sans préjudice pour le rendement (en raison de ce qu'elles sont soustraites à la résistance des eaux d'aval), cette possibilité rendra évidemment les turbines moins sujettes à s'obstruer, puisque trente ou quarante petits orifices, par exemple, seront remplacés par quatre, six, huit de grandes dimensions.

7°. Les turbines, par cela même qu'on pourra les faire plus grandes, seront d'une construction moins délicate. Elles feront moins de tours dans un temps donné; or, pour de grandes chutes, la grande vitesse des turbines devient quelquefois un embarras, au lieu d'être un avantage.

La propriété que possède notre turbine de se prêter à des vitesses très-variables permet de l'employer pour actionner directement la pompe que nous avons décrite plus haut.

Si l'adoption d'une seule pompe à double effet, ainsi que cela est représenté sur la gravure en tête de ce Mémoire, au lieu de deux, ou plus, que l'on est habitué à établir sur les moteurs hydrauliques, est ici suffisante au point de vue de la régularité du mouvement, cela tient à la nature intime de notre moteur.

En effet, comme il résulte des expériences ci-dessus, que pour des vitesses variables entre les limites exprimées par les nombres 2 et 3, le rendement se maintient pour ainsi dire constant, et qu'il ne s'abaisse qu'à 60 pour 100 sous une vitesse réduite aux $\frac{10}{27}$ de la vitesse normale, et comme, d'un autre côté, le rapport de 2 à 3 exprime à très-peu près celui du travail résistant moyen du piston à son travail résistant maximum, on comprend que la turbine, si légère qu'elle soit, pourra conduire une pompe à double effet, à un seul piston, sans que les variations du moment de la résistance aient une influence appréciable sur la marche et le rendement du moteur.

Si donc on est conduit, dans certains cas, à établir deux pompes de ce système conjuguées (ce qui est très-facile), ce sera par des considérations toutes différentes, qui pourront varier suivant les conditions locales.

De là découle la possibilité d'élever des volumes d'eau très-variables, à une hauteur constante [et même variable (1)], avec une pompe d'une course constante; condition importante à remplir, parce qu'on se trouve alors affranchi de la manœuvre assujettissante, compliquée, qui consiste dans les démontages et remontages successifs des boutons de manivelle et qui compromet souvent la solidité et le bon fonctionnement de ces pièces mobiles.

Le système de la machine hydraulique que nous venons de faire connaître, est appelé à un grand avenir, soit pour l'élévation des eaux nécessaires au service des villes et grands établissements, soit pour les irrigations, parce que c'est à la fois celui qui donne le plus d'effet utile en eau montée, qui coûte le moins cher à établir, et enfin le seul qui concilie l'obtention d'un rendement constant et maximum avec les variations qui ont lieu, soit dans le volume et la chute des eaux motrices, soit dans le volume et la hauteur des eaux à élever.

§ III. — *Machine à vapeur.*

La machine à vapeur que nous allons décrire rappelle, par son mode

---

(1) Cette condition, d'une hauteur ou charge variable, qui ne se présente pas souvent en matière d'élévation d'eaux, se rencontrera, au contraire, très-souvent dans les applications de la nouvelle turbine aux souffleries, parce que là, il s'agit aussi souvent de faire varier la pression du vent que sa quantité. La turbine du système hydropneumatique est la seule qui satisfasse à ces conditions si diverses.

Et, réciproquement, une chute variable étant donnée, la turbine sera susceptible d'élever un volume d'eau constant à une hauteur constante, ou d'injecter une quantité d'air constante à une pression aussi constante, par la raison toute simple qu'elle pourra se maintenir à une vitesse et à un rendement constants, sous une chute variable dans le rapport de $(2)^2$ à $(3)^2$ ou de 1 à 2,25.

d'action, les machines dites de Cornouailles et construites dans ces derniers temps, dont le but spécial, comme on le sait, est d'élever l'eau à de grandes hauteurs.

Mais elle en diffère par plusieurs points essentiels que nous devons indiquer successivement.

La machine de Cornouailles, dans le système aujourd'hui en vigueur, est à balancier et à simple effet, c'est-à-dire que son piston moteur ne travaille qu'en descendant pour soulever rapidement un poids suspendu à l'extrémité opposée du balancier, après quoi ce poids redescendant lentement et faisant par conséquent remonter à vide le piston sur lequel la vapeur n'agit plus, l'eau à élever se trouve refoulée à la hauteur voulue par l'action de ce poids devenu moteur à son tour. Mais il est clair que ce mode d'action entraîne avec lui trois inconvénients. Le premier consiste dans la machine à simple effet ; le second consiste dans la lenteur de la descente du poids qui refoule la colonne d'eau, conditions qui ont pour résultat d'augmenter considérablement les dimensions et, par suite, le prix d'achat d'une machine déterminée ; enfin, le troisième inconvénient, qui dérive aussi des deux premiers, réside dans l'impossibilité où l'on est de faire varier la hauteur à laquelle l'eau est élevée, sans faire varier dans le même rapport le poids du piston de la pompe à eau.

Or, les divers inconvénients énoncés sont complétement évités dans notre nouvelle machine ; car, de ce que la vapeur travaille dans les deux sens, il résulte déjà qu'elle effectue, toutes choses égales d'ailleurs, un travail double, et de ce que le piston moteur exécute son mouvement avec la même rapidité dans les deux sens, il résulte, en outre, que le nombre de cylindrées effectué dans un temps donné est au moins double. Donc, à capacité de cylindre égale, la nouvelle machine développe un travail au moins quadruple de celui d'une machine de Cornouailles ordinaire.

Mais ce n'est pas tout : on remédie également au troisième inconvénient ci-dessus exposé, en faisant varier la quantité de vapeur admise dans chaque cylindrée, effet qui se produit spontanément dans la marche de la machine, en sorte que celle-ci règle d'elle-même sa puissance, selon la résistance à vaincre, ainsi que nous l'expliquerons dans la légende des plans.

Description générale de la machine considérée dans les organes qui la caractérisent.

Ce qui caractérise la nouvelle machine, c'est :

1°. Sa disposition horizontale et sa liaison avec un chariot pesant situé aux deux extrémités de la tige du piston à vapeur ; lequel chariot joue ici le rôle du volant dans les machines à vapeur ordinaires, son office étant d'emmagasiner le travail dû à l'excès de puissance de la vapeur sur la résistance de la colonne à refouler, pour le restituer dans cette période de la course du piston où cette puissance, par suite de la détente de la vapeur, devient moindre que la résistance de cette même colonne ;

2º. La disposition particulière du condenseur et de sa pompe à triple emploi, c'est-à-dire faisant à la fois fonction de pompe à air, de pompe à eau froide et de pompe nourricière : cette pompe s'appliquera toutes les fois qu'on puisera l'eau froide à une profondeur qui ne dépassera pas 8 à 9 mètres : la légende ci-après donnera les détails de cet appareil et fera comprendre comment les conditions que nous venons de poser se trouvent remplies ;

3º. Le mode adopté pour distribuer la vapeur et produire la détente à point nommé : il consiste à faire marcher le tiroir de distribution avec toute la rapidité qu'exige le bon emploi de la vapeur par l'intermédiaire d'un petit piston à vapeur qui conduit directement le tiroir et évite ainsi tout choc violent sur les organes mécaniques de la distribution ;

4º. Le mode d'évacuation de la vapeur du cylindre au condenseur par un orifice particulier, distinct de l'orifice d'introduction : les choses sont disposées de façon que cet orifice d'évacuation s'ouvre par un butoir fixé au chariot pesant au moment où la vapeur est presque arrivée à son maximum de détente et se ferme, au contraire, par le piston à vapeur lui-même, un peu avant l'admission ;

5º. Le mécanisme de la détente variable pendant la marche au moyen d'un régulateur à ailettes, mû par un courant fluide qu'engendre le mouvement même de la machine à vapeur : ce mécanisme sera décrit dans la légende ci-après, qui fera voir qu'on peut l'appliquer avec le même avantage à la régularisation de tous les moteurs existants ;

6º. Enfin, son mouvement rectiligne alternatif et horizontal, qui permettra d'appliquer directement le mouvement de cette machine à vapeur à la production de celui de la pompe à double effet et à piston plein, décrite plus haut.

*Exposé des applications diverses que comporte notre nouvelle machine
à vapeur.*

Nous venons de voir plus haut que l'excès de puissance que la vapeur possède pendant la première partie de chaque course est emmagasiné par

3

un chariot pesant qui restitue directement ce surcroît de puissance à la pompe élévatoire pendant la dernière partie de la course.

Mais il est évident que, comme ce chariot pesant est porté sur des roues d'un diamètre assez grand pour réduire le frottement sur les essieux, la puissance emmagasinée à un moment donné est fidèlement restituée dans le moment opportun; par conséquent, la nouvelle machine remplacera avec avantage les machines aujourd'hui en usage pour l'élévation des eaux destinées soit au service des villes et des manufactures, soit à l'irrigation des terres, etc., etc.

2°. Nous avons vu aussi que notre nouvelle machine se prête facilement à effectuer un travail variable (dû aux variations de charge de la colonne refoulée); cette propriété de notre machine la rendra éminemment apte au service de la propulsion sur les chemins de fer hydrauliques.

3°. Nous faisons observer également, comme caractère distinctif de notre machine à vapeur, son application à faire mouvoir des turbines hydrauliques par la puissance de chutes artificielles créées par l'élévation des eaux.

Pour réaliser cette application de la manière la plus avantageuse, il faut supposer l'existence d'un réservoir d'air analogue à ceux ordinairement employés aux élévations d'eau pour entretenir un mouvement à peu près constant dans la conduite. Si, au fond de ce réservoir, on pratique une prise d'eau dirigée sur une turbine disposée de la manière la plus avantageuse, on aura composé un moteur à rotation et à grande vitesse qui donnera un effet utile comparable à celui des meilleures machines à vapeur ordinaires, mais qui aura sur ces dernières l'avantage de se prêter plus favorablement à certaines applications industrielles dont nous allons donner un exemple frappant.

Supposons qu'il s'agisse d'appliquer le système qui vient d'être exposé au travail du laminage des métaux, du zinc par exemple.

On sait que la force d'une machine employée à ce travail est de 20 à 25 chevaux continus, mais on sait aussi que dans le passage des feuilles, il est nécessaire de développer une puissance beaucoup plus considérable, telle que 80 à 100 chevaux. Dans l'état actuel de l'art, on n'a qu'un seul moyen de satisfaire à cette condition essentielle, c'est d'emmagasiner, au moyen de volants très-puissants, l'excès du travail moteur développé dans l'intervalle des passes, pour le restituer quand la résistance l'exige.

Mais cette nécessité d'avoir des volants très-lourds et mus à des vitesses considérables et dangereuses dans leur emploi, entraîne des communications

de mouvements pesantes et compliquées, dont les résistances passives ajou-
tées à celle du volant proprement dite, consomment généralement un bon
tiers du travail effectif développé par la machine motrice.

Au contraire, dans le nouveau système, on évitera cette énorme déper-
dition de force motrice, parce que le réservoir d'air, placé comme intermédiaire entre notre machine à vapeur et notre turbine, emmagasinera et res-
tituera tour à tour et intégralement le travail qui lui aura été confié; ce
réservoir agira donc comme le volant de tout à l'heure, mais avec ces
différences capitales, que :

(*a*) Le travail emmagasiné pourra facilement être cinq à six fois plus
grand que celui des plus forts volants actuellement employés.

(*b*) Le laminoir pris au repos prendra sa vitesse normale dans l'intervalle
de quelques secondes, tandis que par l'emploi des volants, il faut souvent
plusieurs minutes pour lancer le système à cette vitesse normale. Ces deux
circonstances augmenteront la production du même train de laminoir, tout
en économisant, comme nous l'avons vu, un tiers environ de la force
motrice.

(*c*) On pourra beaucoup plus facilement qu'aujourd'hui faire mouvoir
plusieurs trains de laminoir par la machine motrice à vapeur, à la seule condition d'établir sur le réservoir d'air autant de prises d'eau, c'est-à-dire
autant de turbines qu'on aura de trains à conduire; car, de cette manière,
ces divers laminoirs seront complétement indépendants, et leur vitesse
pourra varier comme le voudra le chef lamineur, puisqu'il pourra, sans
quitter sa place, régler la quantité d'eau injectée sur la turbine motrice suivant les exigences du travail. Rappelons d'ailleurs que ces variations de
vitesse, indispensables pour une bonne fabrication, se concilient très-bien
avec un bon rendement de la turbine motrice si l'on fait usage de la turbine
à libre déviation (1).

4°. Le dernier caractère distinctif de notre nouvelle machine à vapeur, est
son application aux souffleries horizontales à double effet.

Il est à remarquer que la propriété que possède notre nouvelle machine à
vapeur, de se prêter à des variations de résistance considérables, sera ici
d'une utilité très-grande, parce que les conditions d'une résistance variable
se présentent fréquemment dans les souffleries où il est nécessaire de faire
varier, soit la pression du vent, soit sa quantité.

------

(1) *Voir* le *Compte rendu de l'Académie des Sciences*, relaté à la fin de notre Mémoire sur
le chemin de fer hydraulique.

LÉGENDE EXPLICATIVE.
Planche N° 2.

Figure 1. *Coupe verticale et longitudinale du cylindre à vapeur*, avec sa distribution du *piston* et de ses *tiges et contre-tiges*, dont l'une est liée au piston de la pompe élévatoire (ou de toute autre machine à mouvement rectiligne alternatif), dont on aperçoit le couvercle avec sa boîte à étoupes dans la partie à droite de la *fig.* 1.

On remarque aussi sur cette figure : 1° *la coupe transversale des deux jougs*, liés à la tige et à la contre-tige, et des roues du chariot pesant que le piston moteur entraine dans son mouvement rectiligne alternatif; 2° *le châssis en tôle et cornières*, qui repose sur le chariot et embrasse, dans le sens longitudinal, le cylindre à vapeur et ces distributions : ce châssis porte le système des butoirs fixes et mobiles qui ouvrent et ferment les tiroirs de distribution, ainsi que les régulateurs à ailettes; 3° dans la partie à gauche de la figure, *le condenseur*, muni de sa pompe dite *pompe à triple-emploi*, laquelle est mise en mouvement par une équerre et une bielle articulée au châssis susmentionné. Le condenseur, sa pompe et tout le système des clapets sont d'ailleurs plongés dans une bâche à eau froide, analogue à celle de la machine de Watt.

Figure 2. *Projection horizontale de la nouvelle machine à vapeur*, dans laquelle on remarque principalement :

Le cylindre boulonné sur des châssis fixés sur la plaque de fondation, et ses divers accessoires pour l'amenée et la distribution de la vapeur, et pour l'amenée des courants fluides qui font agir le régulateur à ailettes;

Le châssis en tôle, qui porte les organes de la distribution;

Le chariot pesant, supporté sur ses quatre roues, qui roulent, comme celles d'un wagon, sur la plate-forme en fonte formant rails pour lesdites roues;

À droite, l'extrémité de la plaque de fondation de la pompe élévatoire, ou autre machine liée directement au mouvement de la machine à vapeur : cette plaque de fondation est liée d'une manière invariable avec celle de la machine motrice; à gauche : 1° *la projection horizontale* de l'appareil de condensation et de la bâche dans laquelle il est plongé; 2° l'arbre à mouvement oscillatoire qui vient d'être indiqué; 3° la pompe à triple emploi. A l'une des extrémités de cet arbre est placé un levier faisant mouvoir l'appareil qui est chargé d'alimenter les buses des régulateurs à ailettes; à son autre extrémité, ce même arbre a une portée de réserve prête à recevoir un mouvement quelconque, par exemple celui d'une pompe de puits, dans le cas où la profondeur dans laquelle on puise l'eau de condensation dépasserait 8 à 9 mètres.

Enfin, soit d'un côté, soit de l'autre dudit arbre, il sera facile de disposer une

(21)

petite pompe pour comprimer l'air nécessaire à l'alimentation du réservoir d'air de
la machine élevatoire (1).

Nous allons successivement décrire les divers organes que nous venons de passer
en revue.

A, cylindre à vapeur renforcé par des côtes, recouvert d'une enveloppe en tôle ou
fonte : en tôle, renfermant, dans l'intervalle ménagé par lesdites côtes, une chemise
de poussier de charbon ou de tout autre corps mauvais conducteur de la chaleur, si
l'on fait usage de la vapeur surchauffée; en fonte, pour y faire circuler la vapeur
venant de la chaudière et avant son entrée dans le cylindre, qu'elle soit ou non surchauffée. Le cylindre (*fig.* 2) est porté sur la plate-forme générale B, par deux re-
bords longitudinaux boulonnés sur cette plate-forme.

C, C les deux fonds du cylindre à vapeur, munis de leurs boîtes à étoupes, lesquelles renferment un petit système de graissage continu que la figure explique suffi-
samment.

D, arrivée de la vapeur.

E, E, tige et contre-tige du piston à vapeur.

F, piston à vapeur, dit *piston moteur*, à garniture métallique.

E', tige de la machine élévatoire, liée à celle de la machine motrice par le joug G.
Un joug semblable se trouve de l'autre côté du cylindre.

H, H, fortes entretoises qui, liées avec les jougs G, forment le cadre ou châssis du
chariot pesant.

I, les quatre roues du chariot pesant, roulant sur les portées dressées J de la
plate-forme ou plaque de fondation générale.

K, châssis construit en tôle et cornières de fer, portant le système de distribution
et de régularisation qui sera décrit plus bas : ce châssis est fixé sur les jougs G du
chariot pesant.

L, sortie de vapeur au condenseur.

M, condenseur.

N, pompe à triple emploi, c'est-à-dire faisant à la fois, comme on l'a dit, fonction de pompe à air, de pompe à eau froide et de pompe nourricière. Le système des
deux clapets inférieurs est pour l'aspiration (à condition que celle-ci ne dépasse pas
8 à 9 mètres) et pour le refoulement de l'eau froide (2).

Celui des deux clapets supérieurs est pour l'aspiration et l'expulsion du mélange
d'air et de vapeur condensée. Il résulte de cette disposition, contrairement à ce qui
a lieu dans la pompe à air de Watt, que le piston est plein.

---

(1) Les mêmes lettres représentent les mêmes objets sur les figures du plan nᵒ 2.

(2) Si l'aspiration dépasse 8 à 9 mètres, on aura recours à une pompe de puits spéciale,
ainsi qu'il a été dit plus haut, tout en conservant la même disposition pour l'extraction de
l'air et de l'eau du condenseur, mais en supprimant le système des clapets inférieurs, de
telle sorte que le dessous du piston soit en libre communication avec la bâche à eau
froide.

Il est à remarquer aussi, comme disposition nouvelle de ce condenseur, que lorsque le piston descend, l'eau de la bâche s'introduit en certaine quantité par le jeu réservé exprès dans le guide de la tige de ce piston, d'où il résulte un refroidissement considérable qui fait baisser la pression à son minimum dans le condenseur M.

On favorise encore ce résultat par la situation du condenseur M en contre-haut de la pompe N ; car, lorsque le piston descend, l'eau descend aussi en suivant le mouvement du piston, sans qu'il soit nécessaire qu'il y ait pression dans le condenseur.

O, nouveau dispositif pour admettre l'eau dans le condenseur sous forme d'une mince cloche conique dont tous les filets d'eau forment la surface enveloppe. On peut, d'ailleurs à volonté, par une vis de rappel, régler l'épaisseur de cette cloche liquide, et, par conséquent, la quantité d'eau injectée dans le condenseur. Il est à remarquer, enfin, que l'eau étant injectée avec une très-grande vitesse (celle due à la pression presque tout entière de l'atmosphère), et sous forme de nappe mince, toutes les conditions seront réunies pour que la condensation de la vapeur ait lieu subitement à mesure de son arrivée dans le condenseur.

P, système de leviers en équerre pour la mise en mouvement de la pompe du condenseur.

Q, arbre ou essieu desdits leviers, actionnant, comme nous l'avons expliqué plus haut, le soufflet S et son régulateur T, qui sont chargés d'alimenter, au moyen de la conduite U, les buses des régulateurs à ailettes.

R, bielle donnant le mouvement à la pompe du condenseur N et au soufflet S.

V, V, soupapes d'évacuation de la vapeur au condenseur par les conduites L. La combinaison de ces soupapes est nouvelle ; chacune d'elles porte, en forme de guide, une longue douille creuse en bronze qui glisse, en la traversant, dans une boîte à étoupes venue de fonte avec le fond C.

Dans l'intérieur de cette douille en bronze est ajustée à frottement une tige en fer poussée vers l'intérieur du cylindre par un ressort à boudin. L'objet de cette tige, qui dépasse à l'intérieur du cylindre la soupape V, est d'opérer la fermeture de celle-ci avant que le piston moteur F soit parvenu à l'extrémité de sa course. En effet, ce dernier, arrivé au contact de l'extrémité de la tige, poussera le ressort qui poussera lui-même le fond de la douille, et produira la fermeture de la soupape V ; après quoi, le piston F, continuant sa marche, ne fera plus que comprimer le ressort à boudin, qui ne lui oppose qu'une résistance insignifiante. On sera sûr ainsi de produire une occlusion parfaite de la soupape, quand même le piston F ne parcourrait pas sa course entière par les motifs que nous expliquerons plus bas. Puis, quand le piston F, revenant sur lui-même, laissera le ressort se détendre, la soupape se maintiendra néanmoins fermée d'une manière immanquable par la force de la vapeur ; ce n'est que lorsque le piston F sera parvenu presque à l'extrémité opposée de sa course, qu'un butoir W, fixé au chariot pesant, viendra presser le fond de la douille, et ouvrir, par conséquent, la soupape V, qui alors n'éprouve qu'une faible résistance, puisque la vapeur est alors arrivée presque à son maximum de détente.

Ce que nous venons d'expliquer pour une soupape V se passe de la même manière pour l'autre.

Distribution de la vapeur.

X, X (FIG. 1), *tiroirs* à section multiple, pour diminuer leur inertie et leur frottement.

f, petit piston à vapeur, commandant le tiroir X.

a, cylindre dans lequel oscille le piston *f* muni de ses orifices d'introduction et d'évacuation de la vapeur.

l, *l*, conduit d'évacuation du petit cylindre à vapeur *a*, au condenseur.

d, conduit d'amenée de la vapeur audit cylindre *a*.

b, *b*, leviers qui, par l'intermédiaire des tringles *e*, commandent le mouvement de va-et-vient des tiroirs X.

Chaque levier porte à son extrémité supérieure un cliquet *c*, qui est destiné à faire échapper, à un moment donné de la course, le butoir mobile correspondant *h* (cette position d'échappement est représentée sur la partie de droite de la *fig.* 1).

h, *h*, butoirs mobiles dans les deux sens : 1° pour échapper par le moyen des cliquets *c* ; 2° pour marcher de concert avec le chariot à vis *i*, à l'effet de régler le moment précis de la fermeture des tiroirs X.

h', *h'*, butoirs fixes : l'objet de ces butoirs est de faire mouvoir le levier *b* correspondant, à l'effet de produire, par l'intermédiaire du petit cylindre *a*, l'ouverture des tiroirs X.

i, *i*, chariots à vis mobiles longitudinalement, tantôt à droite, tantôt à gauche, par la rotation qu'éprouvent, tantôt dans un sens, tantôt dans l'autre, leurs vis de rappel.

j, *j*, roues à ailettes. Chacune d'elles est actionnée, tantôt dans un sens, tantôt dans l'autre, par deux buses *k*, *k'* qui laissent écouler constamment un courant fluide entretenu par le soufflet précité S. Seulement, la buse *k*, qui est la première que la roue à ailettes *j* rencontre quand le piston approche de la fin de sa course, est disposée de façon à faire tourner la roue à ailettes dans le sens qui produit l'écartement entre le butoir fixe *h'* et le butoir mobile *h*, ou, ce qui revient au même, dans le sens qui augmente la quantité de vapeur admise dans le cylindre *a*. Puis, l'instant d'après, le piston *f* se rapprochant de plus en plus de la fin de sa course, la roue à ailettes *j* arrive vis-à-vis (ou à peu près, selon que le piston *f* exécute une course plus ou moins grande) la seconde buse *k'*, qui est placée de façon à faire mouvoir la roue à ailettes dans le sens qui produit le rapprochement du butoir mobile *h* et du butoir fixe *h'*, en sorte que cette seconde buse produit l'effet inverse de la première, c'est-à-dire une diminution de la vapeur admise dans le cylindre *a*.

Pour bien faire comprendre le jeu de ce régulateur à ailettes, supposons qu'il vienne une diminution de pression dans la colonne d'eau refoulée ; il est évident que le piston F recevant de la vapeur un travail constant, déterminera une accélération de tout le système, y compris le chariot pesant. Cette accélération aura pour effet de tendre à augmenter la course ou l'excursion du piston F (qui n'est pas limitée par une manivelle, comme dans les machines à rotation) ; en conséquence, la roue à ailettes se présentera en plein sur la buse k', la dépassera même d'une petite quantité et reviendra de nouveau se présenter à elle dans le mouvement rétrograde. Cette buse k' détruira donc, non-seulement l'effet de la buse k en allant et en revenant (en vertu des sections respectives des deux buses et de l'inégalité de vitesse du piston au passage de chacune d'elles), mais encore l'emportera sur l'effet de la buse k, et produira, en dernière analyse, une diminution dans la quantité de vapeur admise dans le cylindre. Le régulateur rétablira donc l'équilibre entre la résistance et la puissance. Si le cas contraire se présente, celui d'une augmentation dans la résistance, la roue à ailettes passera devant la buse k qui donne la vapeur ; mais son excursion se trouvant diminuée comme celle du piston F lui-même, elle n'arrivera pas jusqu'à la buse k' dont le rôle est de retenir la vapeur.

En résumé, il y aura accroissement dans la quantité de vapeur admise dans le cylindre ; par conséquent, rétablissement d'équilibre entre la puissance et la résistance.

g, g, pièces mobiles de position au moyen de vis de rappel qu'on manœuvrera à la main pour régler d'une manière convenable l'avance de la vapeur à l'admission.

Ce règlement pourrait se faire aussi par les butoirs fixes h' qu'on ferait glisser dans leurs coulisses, mais ce serait moins commode, du moins en marchant ; il est à remarquer que l'on peut ainsi, en faisant varier l'avance à l'admission, faire varier le nombre de coups de piston dans un temps donné, ce qui est d'une haute utilité quand on aura besoin d'élever une quantité variable d'eau ou de lancer un volume de vent aussi variable.

PARIS. — IMPRIMERIE DE MALLET-BACHELIER,
rue du Jardinet, n° 12.

www.ingramcontent.com/pod-product-compliance
Ingram Content Group UK Ltd.
Pitfield, Milton Keynes, MK11 3LW, UK
UKHW020104100726
13658UKWH00004B/1961